BIBLIOTHÈQUE DE PROPAGANDE OCCULTISTE
Publiée sous la direction de l'Ordre Martiniste

COMMENT EST CONSTITUÉ L'ÊTRE HUMAIN ?

Le Corps — L'Astral — L'Esprit et leurs correspondances

Les Auras humaines — Clef des Constitutions à neuf, sept et cinq éléments

PAR

Le Docteur PAPUS

Directeur de l'École Supérieure Libre des Sciences
Officier de l'Instruction Publique

Petit résumé entièrement inédit, avec 3 tableaux et 20 figures

PRIX : 25 CENTIMES

PARIS
ÉDITION DE L'INITIATION
CHAMUEL, ÉDITEUR
5, RUE DE SAVOIE, 5

1900

PRINCIPAUX OUVRAGES

DESTINÉS

A L'ÉTUDE DE L'OCCULTISME

En vente chez CHAMUEL, 5, rue de Savoie, Paris

Papus. — *La Science des Mages*, résumé complet de l'Occultisme, 1 fort in-8 avec fig. 0 fr. 50

— *Traité élémentaire de Science occulte*, 1 fort vol. in-8 avec fig. et tableaux.... 5 fr. »

— *Traité élémentaire de Magie pratique*................................ 12 fr. »

— *Premiers éléments de Chiromancie*, 1 vol. in-8 avec nombreuses fig....... 3 fr. 50

F.-Ch. Barlet. — *Sociologie synthétique*. . 1 fr. »

— *L'Instruction intégrale*.......... 4 fr. »

Sédir. — *Les Incantations.* — *Les Miroirs magiques*............................ 3 fr. 50

Michel (de Figanières). — *Clef de la Vie*, 2 volumes........................ 7 fr. »

C. Flammarion. — *L'Inconnu et les Problèmes psychiques*.................... 3 fr. 50

BIBLIOTHÈQUE DE PROPAGANDE OCCULTISTE
Publiée sous la direction de l'Ordre Martiniste

COMMENT EST CONSTITUÉ L'ÊTRE HUMAIN ?

Le Corps — L'Astral — L'Esprit et leurs correspondances
Les Auras humaines — Clef des Constitutions à neuf, sept et cinq éléments

PAR

Le Docteur PAPUS

Directeur de l'École Supérieure Libre des Sciences Hermétiques
Officier de l'Instruction Publique

Petit résumé entièrement inédit, avec 3 tableaux et 20 figures

PRIX : 25 CENTIMES

PARIS
ÉDITION DE L'INITIATION
CHAMUEL, ÉDITEUR
5, RUE DE SAVOIE, 5

1906

COMMENT EST CONSTITUÉ L'ÊTRE HUMAIN ?

Question Primordiale

Comment est constitué l'être humain ? A-t-il seulement un corps qui produit toutes ses facultés?

A-t-il une âme immortelle ou un Esprit uni à ce corps?

Si le corps et l'Esprit existent en l'homme sont-il seuls en présence ou sont-ils unis par un autre élément?

Tels sont les problèmes qui agitent les philosophes depuis de longs siècles et c'est à ces problèmes que nous venons donner une solution en exposant les enseignements de la tradition occulte et chrétienne d'Occident.

Dans ce petit exposé, destiné à tous, nous ferons le moins possible de philosophie, et nous n'établirons aucune discussion. Ceux qui voudront contrôler nos affirmations sont priés de se reporter aux gros ouvrages des maîtres et aux études complètes sur l'occultisme.

Voyons d'abord les trois questions fondamentales.

1° L'Être humain a-t-il seulement un corps qui produit toutes ses facultés?

Nous répondrons NON à cette question en nous basant surtout sur les quelques faits suivants:

A — En moins de cinq ans toutes les cellules du corps ont disparu et ont été intégralement remplacées sans que le corps ait changé de forme et sans que l'aspect de la personne se soit troublé. Les cellules matérielles ne sont que *l'instrument* modelé par une puissance autre que la matière.

B — Claude Bernard a démontré que chacune de nos idées nécessite la mort de la cellule nerveuse qui lui a servi de support. Quand nous nous souvenons d'un fait qui est arrivé dix ans auparavant, plus d'un million de cellules nerveuses différentes ont porté le cliché de l'idée qui par suite est indépendant de ces cellules et de leur transformation.

C — Les phénomènes de l'hypnotisme transcendant, la communication de cerveau à cerveau sans intermédiaire matériel, l'apparition de l'image d'un vivant en danger de mort à ses parents situés à de très grandes distances, l'action à distance et sans intermédiaire matériel de la force nerveuse et de la Pensée de l'être humain et une foule de faits de même genre, prouvent en dehors de tout sytème philosophique que le corps n'est pas le seul élément qui nous constitue.

2° L'Etre humain est-il constitué par un corps mortel et un Esprit immortel, sans autre Principe ?

A cette affirmation dogmatique de certains théologiens et de beaucoup de philosophes nous répondrons encore NON. En invoquant les principales raisons suivantes :

A — L'Anatomie nous montre en l'homme deux systèmes nerveux distincts servis chacun par un genre de muscles. D'abord le système nerveux conscient servi par les muscles striés ; puis le système nerveux inconscient ou de la vie organique servi par les muscles à fibres lisses.

B — La physiologie nous montre que, pendant le sommeil ordinaire, le système conscient cesse toutes ses fonctions, alors que le système nerveux ganglionnaire poursuit et active toutes les siennes. Cette dualité des systèmes, doit impliquer la dualité des principes constituants.

C — Toute la tradition égyptienne, kabbalistique, gnostique, hermétique, corroborée par saint Paul, affirme l'existence d'un Principe INTERMÉDIAIRE entre le corps mortel et l'Esprit immortel, Principe appelé par saint Paul *anima*, dans sa distinction *corpus*, *anima* et *spiritus*.

Une foule d'expériences d'occultisme prouvent la possibilité de projeter ce principe intermédiaire hors du corps, pendant la vie.

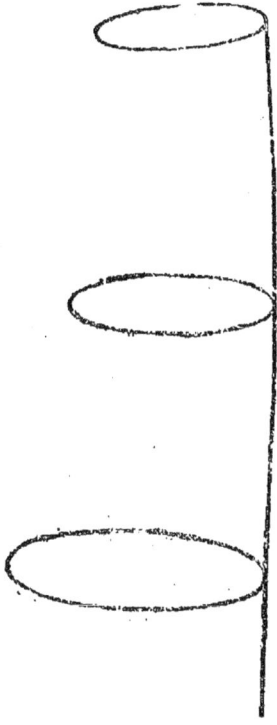

Schéma des trois centres du corps physique (Ventre, Poitrine, Tête).
dressés sur la colonne vertébrale.

3° — L'homme est donc composé de TROIS PRINCIPES :
    1° Le corps physique et matériel.
    2° Un Principe Intermédiaire.
    3° L'Esprit immortel.

Telle est la question à laquelle nous répondons oui ainsi que l'ont fait les Egyptiens dès le XVe siècle avant notre ère, de même que toutes les écoles d'initiation et de prophétie qui ont transmis la Kabbale, la Gnose, l'Alchimie et la Science Occulte sous toutes leurs formes, comme l'ont affirmé Socrate, Platon et tous les néo-platoniciens, et comme l'affirme saint Paul.

C'est à la démonstration rapide de cette question que nous consacrons ce petit travail.

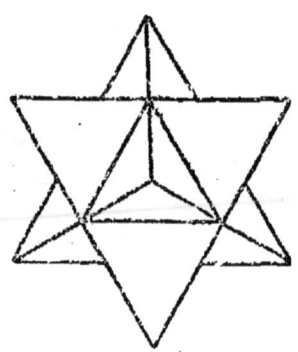

Les Trois Principes

Le premier écueil à éviter c'est le système *à priori* qui n'a pour lui que l'affirmation d'un auteur. Si l'homme est réellement constitué par trois grands Principes et non par cinq, ni par six, ni par sept, ni par neuf, ni par vingt-deux, ni par aucune des autres multiples divisions établies par des analyses subsidiaires, toute la constitution physique de l'être humain doit nous montrer, *nous crier*, cette loi de la Trinité. Car la nature ne change pas ses lois suivant les plans et chaque morceau de l'Être humain doit répéter la grande loi générale.

Combien de parties a le doigt d'une main ? TROIS (phalanges, phalangine, phalangette)

Combien de parties a mon membre supérieur ? TROIS (main, avant-bras, bras.)

Combien de parties a mon membre abdominal ? TROIS (pied, jambe, cuisse.)

Combien de parties enfin a mon corps considéré en dehors des membres ? TROIS (le ventre, la poitrine, la tête).

Et ce ne sont pas là des divisions factices car des os spéciaux ou des organes bien particuliers existent pour chacun de ces trois grands segments.

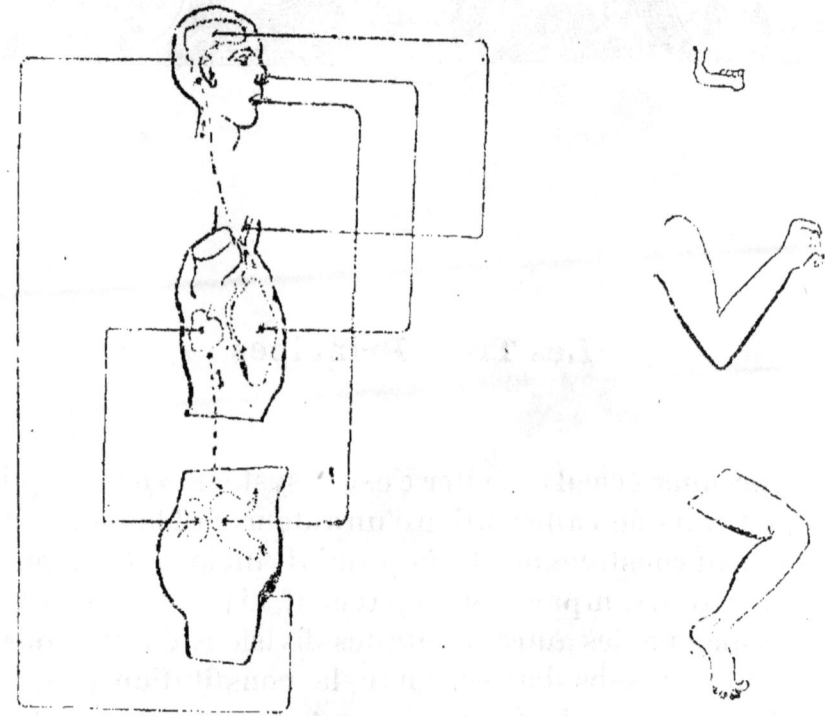

LA TRINITÉ DANS L'ÊTRE PHYSIQUE
Les trois sections (Ventre, Poitrine, Tête), de l'Être physique et les membres correspondant à chaque section. — Rapports organiques des sections entre elles et avec le visage.

Mais si le nombre Trois est répété à l'infini dans le corps physique, d'autres nombres apparaissent. Ainsi nous avons *deux fois cinq* doigts, et nous avons *sept* ouvertures à la tête. (Deux yeux, deux oreilles, deux narines, une bouche).

Cela nous indique que nous ne devons pas être dogmatiques ou sectaires et que nous aurons à chercher la raison d'être de tous ces nombres accessoires, ayant pour but de nous développer certains aspects et certaines sous-divisions de la grande Trinité constituante.

Pour éviter toute obscurité, demandons au corps physique la clef de toutes nos déductions. C'est l'analogie, la méthode de l'occultisme, samment la l'induction.

caractéristique qui aidera puissamment la déduction et

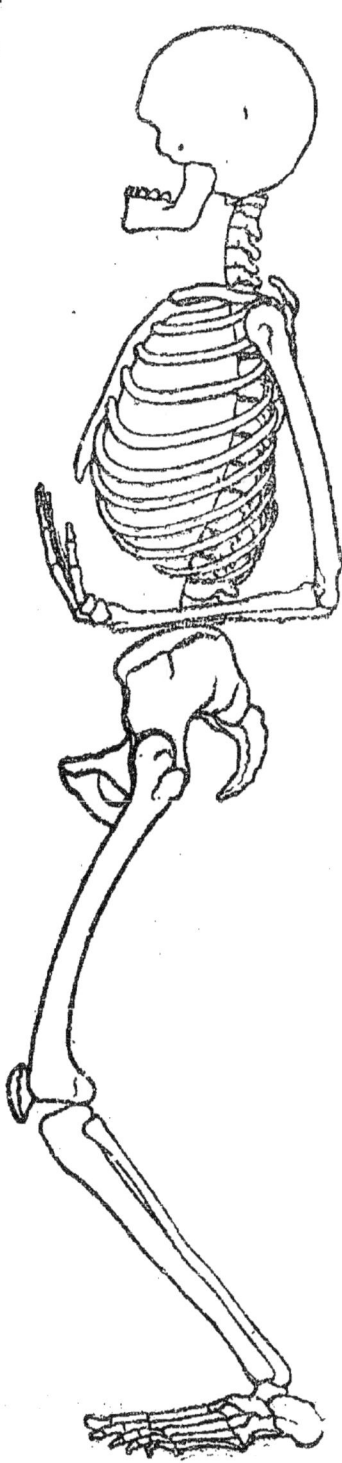

Les trois centres que et les trois bres (abdominal, phalique), triple

du Corps Physipaires ue Memthoracique et cément divisés.

LE CORPS PHYSIQUE — LE CORPS ASTRAL

L'Homme-Animal et l'Homme-Esprit

Le corps humain nous présente trois grands centres, le ventre, la poitrine, la tête, à chacun desquels sont attachés une paire de membres.

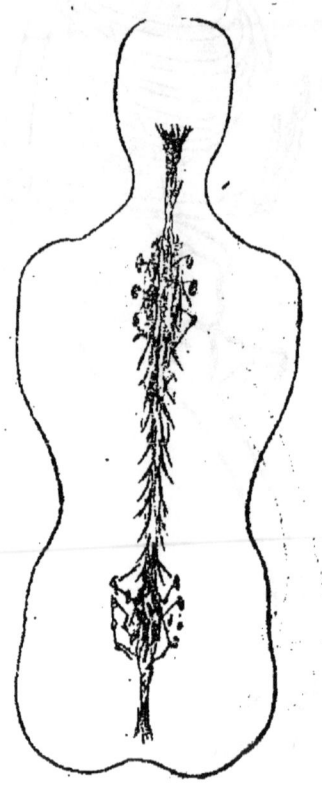

Les trois grands plexus du grand sympathique. — Plexus cervical, Plexus cardiaque, Plexus solaire. — *Centres organiques d'action du Corps astral.*

Au ventre sont attachés les membres abdominaux

(cuisse, jambe, pied) ; à la poitrine, les membres thoraciques (bras, avant-bras, main) ; à la tête, les membres céphaliques (maxillaire inférieur).

Chacun de ces centres a une fonction physiologique bien caractérisée, le ventre transforme la nourriture venant de l'extérieur en substance humaine ou chyle, la poitrine transforme le chyle en sang et la tête extrait du sang la force nerveuse qui meut toute la machine humaine. De plus, chacun des trois grands centres est représenté dans les deux autres. Ainsi le ventre a ses vaisseaux chylifères et ses vaisseaux lymphatiques dans tout l'être humain ; la poitrine envoie le sang, dynamisé par la respiration, dans les autres centres aussi ; et, enfin, la tête meut, par ses dépendances nerveuses, tous les organes sans exception.

Ce qu'il y a de curieux et d'intéressant pour nous, c'est que tout ce travail organique des usines abdominales, thoraciques ou céphaliques se fait absolument en dehors de l'intervention de la conscience et de la volonté de l'Être humain. C'est *l'Homme-Animal* qui travaille seul, et *l'Homme-Esprit* a des fonctions et des organes à lui et bien distincts des précédents.

L'Homme-Animal est actionné par un système nerveux spécial, le système nerveux de la vie végétative ou organique, constitué presque exclusivement par le nerf grand-sympathique, ses plexus et ses dépendances. C'est lui qui fait battre notre cœur, qui contracte et dilate toutes nos artères et toutes nos veines, qui fait marcher le foie, l'estomac, les intestins, les poumons même sans s'inquiéter de savoir si l'Homme-Esprit est réveillé ou endormi, car tous les organes marchent aussi bien pendant notre sommeil que quand nous sommes éveillés. C'est encore lui qui répare les cellules usées et les remplace, qui mange, par le moyen des cellules embryonnaires et des globules blancs, les microbes venus de l'extérieur, qui guérit les blessures superficielles de la peau et qui, enfin, s'occupe de toute la cuisine organique. L'Homme-Es-

LES ORGANES PHYSIQUES DE L'HOMME ASTRAL
Les principaux plexus du Grand Sympathique et leur rayon d'action
(demi-schéma.)

prit n'a rien à voir dans tout cela. Qui est-ce qui dirige donc tout ce système nerveux spécial ?

Car, nous l'avons dit, un système d'organes n'est *qu'un support* de quelque chose : les organes subissent la fonction mais ne le créent pas puisque leurs cellules meurent à mesure que la fonction est accomplie.

Ce principe qui dirige tout le travail du corps physique a reçu beaucoup de noms différents à travers les âges, car il a été connu depuis la plus haute antiquité. Les Egyptiens l'appelaient le Corps Lumineux *(Khâ)* les Pythagoriciens le Char de l'Ame, les Latins le Principe animateur *(Anima)* comme saint Paul, les Philosophes hermétistes le désignaient sous le nom de *Médiateur Plastique* et de *Mercure universel;* Paracelse et son école, ainsi que les disciples de Claude de Saint-Martin, le Philosophe Inconnu, l'ont appelé *Corps astral* parce qu'il tire son Principe de la substance interplanétaire ou astrale.

Quel que soit le nom qu'on lui donne, il faut bien saisir que ce principe a dans notre être des organes à lui, un système nerveux à lui, des fonctions à lui, et que son existence est aussi certaine pour l'occultiste que pour le physiologiste. Nous l'appellerons CORPS ASTRAL.

C'est *l'ouvrier caché* de l'être humain, c'est le cheval de l'organisme dont le corps physique est la voiture et dont l'être conscient est le cocher.

Le cheval est plus fort que le cocher, c'est lui qui tire la voiture, et cependant c'est le cocher, moins fort mais plus intelligent, qui dirige le cheval et, par là, la voiture.

De même, dans l'Être humain, l'Homme-Animal est plus fort que l'Esprit, c'est lui qui meut la machine humaine et cependant c'est l'Homme-Esprit, moins fort, mais plus intelligent, qui dirige, dans la vie extérieure

— 14 —

l'Homme-Animal, et, par là, la machine humaine tout entière.

Pour bien comprendre cela, reprenons l'étude du corps.

Le corps a trois centres : le ventre, la poitrine, la tête, mais, par ce mot tête, nous entendons le crâne et son contenu c'est-à-dire toute la partie *horizontale* des centres supérieurs. Devant le crâne et *verticalement* est placée

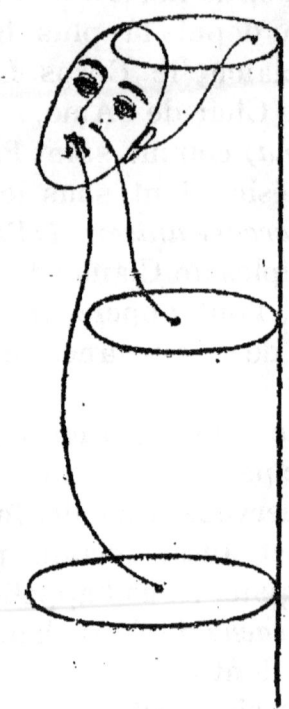

LE VISAGE
Synthèse des trois Centres humains :
La Bouche porte d'entrée du ventre, le Nez porte d'entrée de la poitrine, les Oreilles porte d'entrée du cerveau.

une série d'organes constituant *le visage* et ces organes ont cela de particulier qu'ils ne fonctionnent, pour la plupart, que pendant que nous sommes éveillés, c'est-à-dire pendant que l'Homme-Esprit est en action sur l'extérieur (ce que les philosophes appellent le *non moi*.)

Dès que nous nous endormons voilà que les yeux se ferment, les oreilles cessent leur fonction, la bouche se ferme, l'odorat s'arrête et, seule, la respiration vient agiter les narines. Les organes du visage appartiennent donc à l'Homme-Esprit et non pas à l'Homme-Animal et chacun d'eux a pour but d'établir un contrôle sur chacun des centres de cet Homme-Animal.

Ainsi la bouche (qui présente une ouverture unique parce que l'estomac est simple et non double), c'est la porte d'entrée *du ventre* avec un portier fidèle qui est *le goût* ayant la charge de ne laisser entrer que les choses qui plaisent à l'Homme-Esprit. Aussi tout ce qui passera dans le ventre viendra-t-il se peindre sur la bouche et ses annexes (langue chargée des embarras gastriques, langue sèche et rôtie des inflammations intestinales, lèvres décolorées et sèches des péritonites, etc., etc.)

Les narines ont deux ouvertures parce que les organes pulmonaires sont doubles ; elles sont la porte d'entrée de la poitrine avec un portier fidèle qui est *l'odorat* chargé de prévenir l'Homme-Esprit des endroits où la respiration est dangereuse pour l'organisme. Tout ce qui se passe dans la poitrine vient se peindre sur les narines ou leurs annexes (facies tiré du cardiaque, pommettes rouges de la pneumonie, etc., etc.)

Les oreilles sont la porte d'entrée du système nerveux céphalique, et les yeux se rapportent surtout à l'Homme-Esprit. Aussi la congestion et l'anémie du cerveau se peindront-elles sur les oreilles, tandis que la folie et les troubles psychiques se peindront sur la pupille et dans le regard.

L'Homme-Esprit est donc bien le cocher de l'Organisme : par le goût et la bouche il préside au choix des aliments qui vont être transformés par le ventre et vont venir réparer la matière de tout l'être humain.

L'HOMME-ANIMAL ET L'HOMME-ESPRIT

Toutes les parties de la figure teintées *en noir* indiquent le domaine sur lequel peut agir la Volonté : les parties *en blanc* indiquent au contrrire le domaine de la Vie-organique sur lequel la Volonté n'a pas de force directe, c'est le domaine de l'Homme-animal, de l'Être astral inférieur.

Par l'odorat, il préside au choix du milieu respirable et par le nerf pneumo-gastrique au rythme respiratoire, et par suite à la distribution de la vie, de la chaleur et de la force dans tout l'organisme.

Enfin par le regard et l'ouïe il préside à l'entrée des sensations déjà filtrées par le toucher et, par là, à la nourriture de ses plus hautes facultés.

Terminons cette étude du corps en disant que le ventre est le quartier général du corps physique ; la poitrine le quartier général du Corps Astral ; enfin la tête sert de centre d'une part à la partie intellectuelle du corps astral, que nous appellerons être psychique, et d'autre part à l'Homme-Esprit lui-même.

Occupons-nous maintenant des relations de ces divers principes (corps physique, corps astral et Esprit) entre eux.

LES TROIS CENTRES PSYCHIQUES

Platon a fait rire bien des philosophes en disant que l'homme avait trois âmes — Or, chacun des Principes étant représenté dans tous les autres (car la Nature ne sépare pas ses créations par tranches isolées) il s'ensuit qu'il n'y a pas de raison pour que chaque centre de l'homme n'ait pas sa manifestation intellectuelle, son rayon d'esprit plus ou moins obscurci, comme il a du chyle, du sang et de la force nerveuse.

L'anatomie nous indique déjà ce fait en nous montrant que la moëlle épinière se renfle au niveau des trois grands centres, avec un renflement supplémentaire pour la reproduction — Mais où ce fait devient encore plus

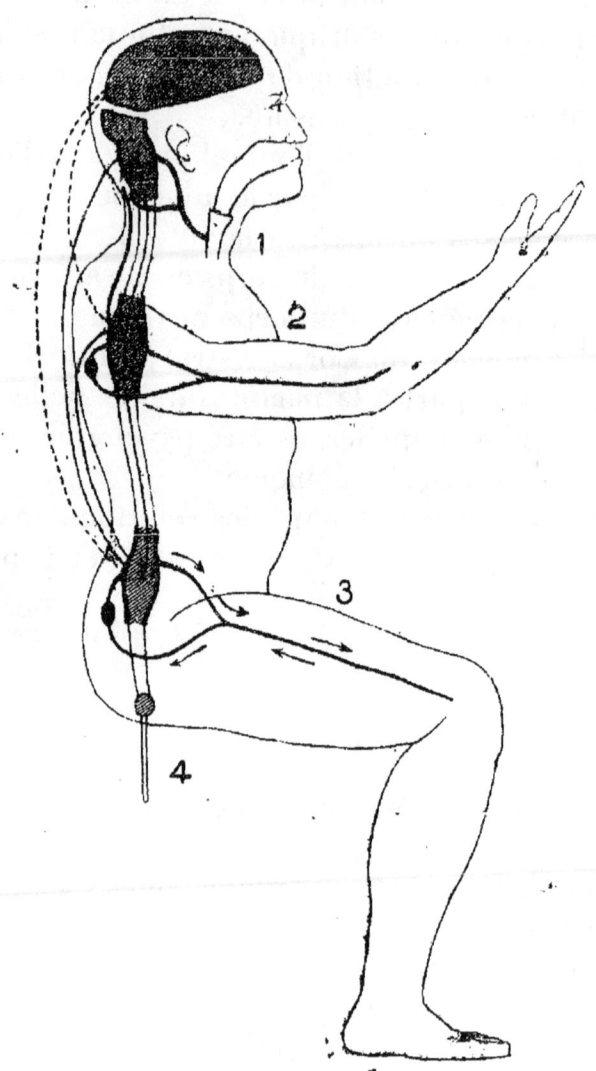

Les trois renflements médullaires et leur triple action
sur le Larynx, le Bras et la Jambe.
Demi-Schéma extrait de *La Physiologie synthétique*.

clair, c'est quand nous voyons que le nerf Grand Sympathique, *qui est le véritable support physique du corps astral,* présente aussi trois grands plexus, l'un cervical pour le centre céphalique, l'autre cardiaque pour la poitrine, l'autre enfin abdominal (ou solaire) pour le ventre avec un annexe pour la reproduction.

Si nous quittons le domaine physique pour nous adresser aux observations, non pas des philosophes mais de « Monsieur tout le monde » nous constaterons que quand un gros chagrin, une grande joie ou une nouvelle inattendue nous arrivent ce n'est pas à la tête, mais bien

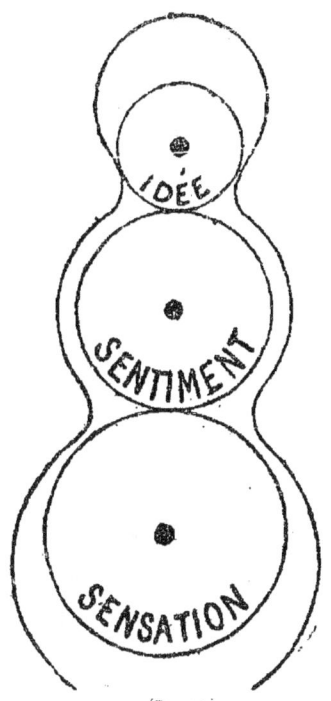

Adaptation psychologique des trois Principes de l'Homme

dans la poitrine et au niveau du cœur que nous *recevons un coup*, pour parler comme le peuple. Voilà la réaction vulgaire de l'intelligence de ce centre.

Quand, malgré le courage commandé par l'esprit, une réaction physique se produit soit au moment d'un examen soit sur le champ de bataille, ce n'est pas dans la tête mais dans le centre abdominal que la sensation se produit, avec des conséquences, bien connues des pauvres soldats. Il faut, encore une fois, donner tort aux arguties des philosophes.

Nous sommes ainsi amené à voir que Platon avait raison, dans son rappel de l'enseignement secret des Temples égyptiens et que, de même que le corps présente trois centres, de même que trois Principes habitent ces trois centres, de même trois genres de manifestations intellectuelles manifestent ces trois Principes.

Ainsi le centre physique manifestera *l'instinct* avec *la sensation* comme moyen de réaction, et le plaisir ou la douleur comme résultats du mouvement produit.

Le centre astral manifestera *l'intuition* avec *le sentiment* comme moyen de réaction et l'amour ou la haine comme résultats de l'émotion produite.

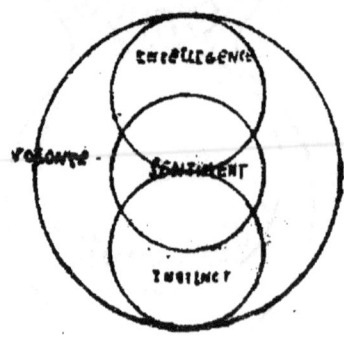

Le centre psychique manifestera *l'idée* avec *le sentiment* comme moyen de réaction et la vérité ou l'erreur comme résultats de l'entraînement produit.

Ainsi le monde des instincts, celui des passions, celui des entraînements intellectuels caractérisés le premier par le vin, le second par les femmes, le troisième par le jeu, vont venir livrer assaut à l'Esprit qui les domine et les gouverne (ou peut les gouverner) tous, comme la Bouche gouverne le ventre et les Narines le poumon, dans le corps physique.

L'Esprit, grâce à la volonté servie par la force nerveuse, peut s'opposer aux entraînements de l'intelligence du corps, qui veut s'endormir par l'alcool, à celle de l'astral qui veut s'annihiler par la passion, à celle enfin de l'être psychique ou astral supérieur qui veut se perdre dans les émotions du jeu.

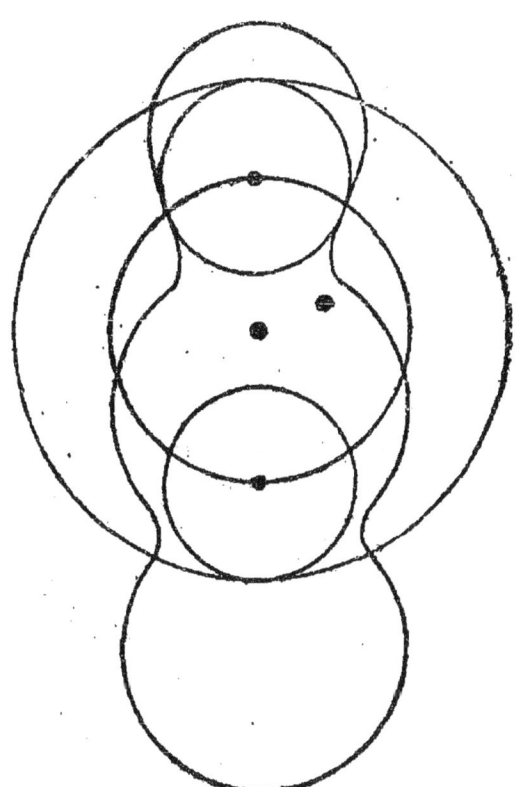

Les trois cercles impulsifs et le cercle équilibrant de la Volonté

Mais pour cela il faut *habituer* les organes qui servent l'Esprit à leurs fonctions de régulateurs et de chefs

et ne pas les laisser s'endormir et se rouiller dans l'inaction.

Voilà pourquoi les écoles militaires qui cherchent à spiritualiser les centres passionnels, les écoles ecclésiastiques qui cherchent à spiritualiser l'être physique, et les écoles magiques qui tendent à développer la volonté ont, chacun, des exercices et des entraînements appropriés, qui, tous, ont un but commun l'écrasement des réactions d'en bas par la mise en service des forces d'en haut.

Cet entraînement est nécessaire, mais il cache un piège : celui de faire oublier à l'homme qu'il n'est rien qu'un être faible et de lui faire croire qu'il est quelque chose par lui même et presque un Dieu, quand sa Volonté toute puissante sortant de son domaine commande non seulement à ses organes personnels, mais encore aux forces visibles et invisibles de la Nature.

De même que le feu qui sort de la bûche brûlant dans la cheminée n'est pas créé par la matière de l'arbre, mais n'est que du soleil fixé par cette matière et qui retourne à son centre, et que l'arbre qui dirait que c'est lui qui a fait le soleil se ferait moquer de lui, de même les forces générées par l'homme ne sont que des produits de réfraction venus du plan divin en dernière analyse.

Aussi les anciens alchimistes avait-ils placés *un oratoire* à côté de chaque *laboratoire* pour montrer que la Prière est toujours le corollaire de la magie et que l'humilité est le correctif nécessaire de toute évolution spirituelle.

Les considérations précédentes ont fait pressentir la raison d'être de notre séjour sur terre. Nous allons essayer d'éclairer un peu cet important problème, en voyant quelques points de la partie invisible de l'homme ou les *auras* produites par ses actions physiques, morales et intellectuelles.

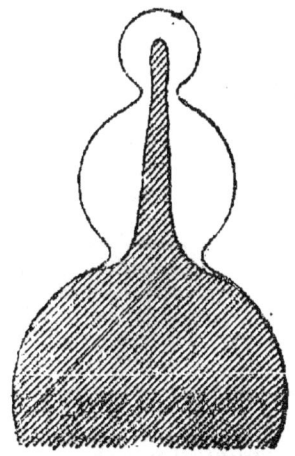

LE PRINCIPE PHYSIQUE
Centre : Le Ventre. — Emanation dans la Poitrine et la Tête (schéma).

Les *Auras* de l'Être Humain. — *L'Enregistrement des idées dans l'Invisible.*

Une série d'expériences très curieuses poursuivies au début par un savant américain du nom de Buchanan sont venues montrer que chaque objet peut *raconter* une partie des faits auxquels il a assisté. La Science qui dérive de cette pratique s'est appelée *Psychométrie* ou *Mesure* ou *Description au moyen de l'Ame*, car elle consiste à placer l'objet à étudier sur le front d'un être humain entraîné à cet effet. L'âme voit alors directement une série d'images qui se rapportent aux faits les plus importants auxquels a été mêlé l'objet.

Prenons un exemple pour être mieux compris. Un jour dans une réunion à laquelle assistaient plusieurs sa-

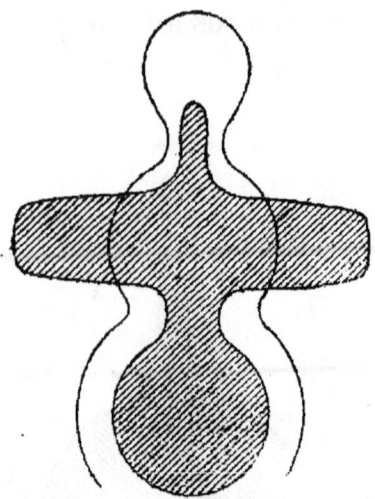

LE PRINCIPE ASTRAL DANS L'ÊTRE HUMAIN
Centre : La Poitrine. — *Incarnation* dans le Ventre et la Tête
(Représentation schématique).

vants et littérateurs, j'avais amené un de nos amis qui a développé en lui cette faculté de la Psychométrie. Un assistant lui donne à étudier une vieille montre qu'il portait sur lui. Mon ami vit : 1° D'abord une cour (genre Louis XIV), des nobles et des duels. 2° Une scène de la Révolution française dans laquelle une vieille dame montait à l'échafaud et était guillotinée.

3° Une scène d'opération chirurgicale dans un hôpital moderne.

La personne qui avait donné la montre était stupéfaite, cette montre avait appartenue à un de ses ancêtres tué en duel sous Louis XV ; 2° A une aïeule guillotinée sous la Révolution ; 3° Mise en réserve, elle avait été retirée et portée le jour d'une opération faite à la femme de l'assistant.

Je cite un fait personnel de Psychométrie ; mais on en trouvera des centaines dans les livres spéciaux.

Ce qui résulte de tous ces phénomènes c'est que cha-

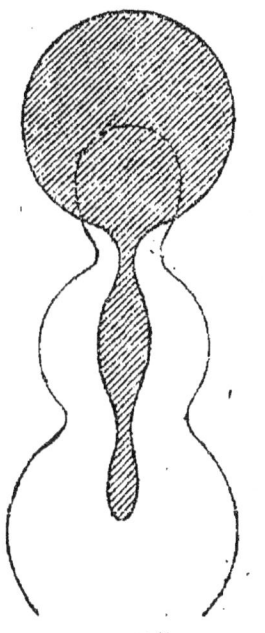

LE PRINCIPE SPIRITUEL
Sa localisation dans les trois centres de l'Homme (Représentation schématique). — *Centre :* la Tête. — Incarnation dans la Poitrine et le Ventre.

que objet peut porter son histoire écrite *invisiblement* autour de lui.

Il en est de même pour l'être humain. Chacun de nous porte autour de lui un *rayonnement invisible* à l'œil de chair mais perceptible pour l'âme entraînée.

Dans ce rayonnement sont inscrits sous forme d'images les résultats les plus importants de nos pensées et de nos actions. Ce rayonnement s'appelle, d'après la tradition, *aura* et il y a une *aura* pour chaque Principe. Il y a donc un rayonnement ou *aura* du corps physique très peu étendu, un rayonnement ou *aura* du corps astral, enfin un rayonnement ou *aura* de l'Esprit. C'est ce dernier qui a été connu des traditions religieuses qui ont entouré d'auréoles les têtes des saints et de divinités pour le symboliser.

C'est grâce à ce rayonnement des Principes de l'Être humain que s'expliquent beaucoup de phénomènes en apparences étranges, comme les sympathies ou les antipathies subites lors de la première rencontre d'un être, comme les intuitions et les prévisions dites inconscientes etc., etc.

L'occultiste entraîné, c.-a.-d. qui a développé ses facultés de perception de l'invisible, se rend compte à première vue de la valeur réelle d'un être humain, non pas d'après ses habits, non d'après son aspect extérieur, mais d'après son rayonnement invisible.

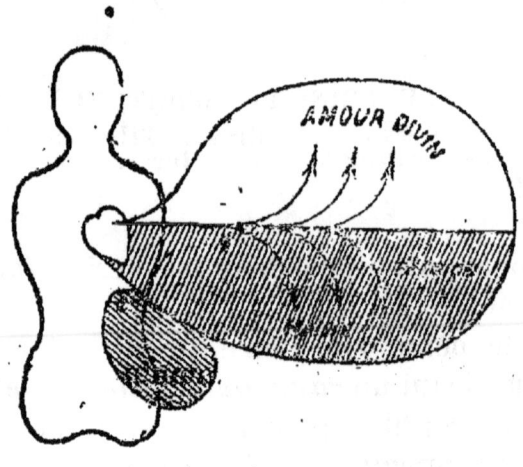

L'AURA ASTRALE
Peuplée par les sentiments (schéma).

L'homme qui se croit bon, ou puissant, ou supérieur aux autres hommes, celui qui juge et qui critique sans cesse les autres, celui qui croit éviter les souffrances par l'isolement, au lieu de partager celles de ses semblables, tous ceux-là peuplent leur atmosphère invisible de vilaines images que le voyant et même la somnambule du coin verront parfaitement.

Par contre les bonnes actions, la certitude qu'on n'est pas meilleur que les autres et que les circonstances seules, vous ont permis de ne pas faire le mal qu'on accuse les autres d'avoir fait, les humiliations librement consenties et supportées sans faiblesse, l'exercice de la vraie charité non seulement physique, mais surtout morale ; tout cela peuple l'atmosphère invisible de belles représentations sympathiques, d'images lumineuses qu'on appelle dans les cercles d'initiés: *des clichés*.

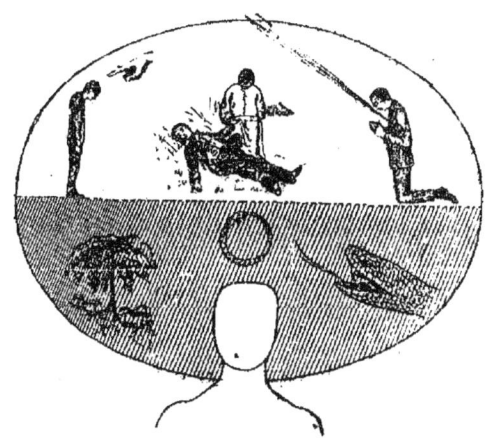

Schéma de l'Aura Spirituelle
Les images des bonnes actions sont dans la partie blanche, les représentations des mauvaises actions dans la partie noire. — A gauche de la partie blanche, l'Humilité, au milieu la Charité, à droite la Prière. — A droite de la partie noire la Calomnie, au milieu l'Orgueil (le serpent), à gauche la Paresse.

Les objets, les individus, les nations, et les astres ont chacun leurs clichés bons ou mauvais et c'est à leur étude qu'étaient voués les anciens collèges de prophètes.

On voit par là que la constitution humaine est la clef de bien des mystères. L'étude particulière du corps astral nous montrera comment ce Principe peut sortir de l'être humain, agir et apparaître à distance, influencer en bien ou en mal les êtres, expliquant la plupart des phénomènes du Magnétisme, du spiritisme et de la Magie. Cette étude demande un travail spécial qui complètera celui-ci.

Retenons seulement en terminant que l'être humain n'est pas composé seulement d'un corps, ni seulement d'un corps et d'un Esprit immortel mais qu'à l'image de la Trinité créatrice, il se compose d'un corps, d'un corps astral et d'un Esprit immortel ou, pour dire comme saint Paul, d'un corps, d'une âme et d'un Esprit.

C'est là la classification réelle et naturelle correspondant à la division du corps, à celle des membres, à celle de toute la Nature et à la clef de la constitution de l'Être donné par les trois feuillets de l'Embryon.

CLASSIFICATION DIVERSES DES PRINCIPES

classification à 9, 7, et 5 éléments.

On peut en partant de cette classification naturelle analyser l'homme d'une manière plus profonde encore en remarquant que chaque Principe a, lui-même, trois adaptations. Ainsi le corps physique s'adapte en trois sections pour supporter les autres Principes (ventre ou support du physique, thorax ou support de l'astral et tête ou support de l'Esprit). Le corps astral se manifeste aussi sous trois modalités selon qu'il est en relation avec le corps physique, avec son centre propre ou avec l'Esprit. Enfin l'Esprit se polarise sous trois aspects selon qu'il spiritualise le corps physique, l'astral ou qu'il agit sur son propre centre.

	ESPRIT	
Tête Nerfs		Etre Psychique Vie intellectuelle
Poitrine Sang	SENTIMENT	Vie organique
Ventre Lymphe	INSTINCT	Vie cellulaire

		Endoderme
	Mésoderme	Œuf fécondé
		Ectoderme
TÊTE ectoderme	{	Cerveau
		Nerfs .... Fluide nerveux
POITRINE mésoderme	{	Vaisseaux .... Sang
		Cœur
VENTRE endoderme	{	Intestins .... Lymphe
		Estomac
		Appareils de génération

	Principe créateur DIEU	
	ESPRIT	
Tête		Etre psychique
Poitrine		Vie organique
	SENTIMENT	
Ventre		Vie cellulaire
	INSTINCT	
	GENERATION Reflet du Principe créateur dans la Matière	

Pour être clair nous allons employer des termes généraux et éviter tous les mots techniques. Nous crèverons ainsi bien des vessies qu'on présente comme lanternes aux débutants dans ces études.

Les trois Principes constituant l'homme sont : le Principe physique, le Principe Astral et le Principe Spirituel.

Nous les appellerons : PHYSIQUE, ASTRAL, SPIRITUEL.

Ces Principes s'unissent les uns aux autres. Un seul mot nous est nécessaire c'est le mot UNION.

Nous obtenons ainsi en appliquant à notre étude la disposition du Tarot et des Séphiroth que donne seule la tradition occidentale :

Pour le Physique :
Centre du Physique.
Union du Physique et de l'Astral.
Union du Physique et du Spirituel.

Pour l'Astral :
Union de l'Astral et du Physique.
Centre Astral.
Union de l'Astral et du Spirituel.

Pour le spirituel :
Union du Spirituel et du Physique.
Union du Spirituel et de l'Astral.
Centre Spirituel.

Ce qui nous donne *neuf divisions* ou *neuf Eléments* dont trois Principes primordiaux et six éléments dérivés.

Voulez-vous leur donner des noms ? Restons occidentaux, c'est-à-dire clairs et méthodiques.

Demandons à la Kabbale et au Tarot leur rigorisme et tous ces éléments vont se nommer d'eux mêmes avec simplicité.

Pour cela jetons un coup d'œil sur le tableau suivant qui résume ce que nous venons de dire. Les colonnes *horizontales* indiquent les modalités d'un même Principe et les colones *verticales* les représentations d'un Principe dans les autres.

Union du Spirituel et du Physique	Union du Spirituel et de l'Astral	Centre Spirituel
Union de l'Astral et du Physique	Centre Astral	Union de l'Astral et du Spirituel
Centre Physique	Union du Physique et de l'Astral	Union du Physique et du Spirituel

La première colonne *Verticale* sera celle des CORPS.
La seconde colonne verticale sera celle des AMES.
La troisième celle des ESPRITS.

Nous aurons ainsi :

Le centre physique ou CORPS PHYSIQUE.

L'union de l'Astral et du physique ou *corps astral* (partie corporelle de l'astral), l'union du spirituel et du Physique ou *corps spirituel*.

Voilà le corps spirituel de saint Paul, ce char de l'Ame de Pythagore, cet élément si difficile à comprendre quand on n'en étudie pas l'origine.

Voyons les âmes.

L'union du physique et de l'Astral sera *l'âme physique* (ou partie physique de l'âme).

Le centre Astral constituera *l'âme astrale* ou centre réel du principe animique.

L'Union du spirituel et de l'Astral constituera *l'âme spirituelle*.

De même se définirait *l'Esprit physique*, (Union du physique et du spirituel), *l'Esprit animique* (centre de spiritualisation de l'âme) et *l'Esprit spirituel* (centre personnel de l'Esprit.)

*
* *

Si nous considérons l'être humain constitué, nous verrons que chacun des Grands Principes agit comme un courant électrique dont la rencontre avec un autre courant produit une étincelle. Ces étincelles ont été confondues à tort avec le principe, car elles ne durent généralement que quelque temps de plus que la vie terrestre.

De plus les éléments d'Union se confondent souvent de manière que l'Union du Physique et de l'Astral et celle de l'Astral et du Physique par exemple constituent un seul élément au lieu de deux. C'est ainsi que l'Etre humain apparaît sous l'aspect de *sept éléments*, comme l'enseignent certaines sectes Bouddhistes, de *cinq éléments* comme le disent plusieurs écoles Brahmaniques.

Le petit tableau suivant permettra de reconstituer ces divisions :

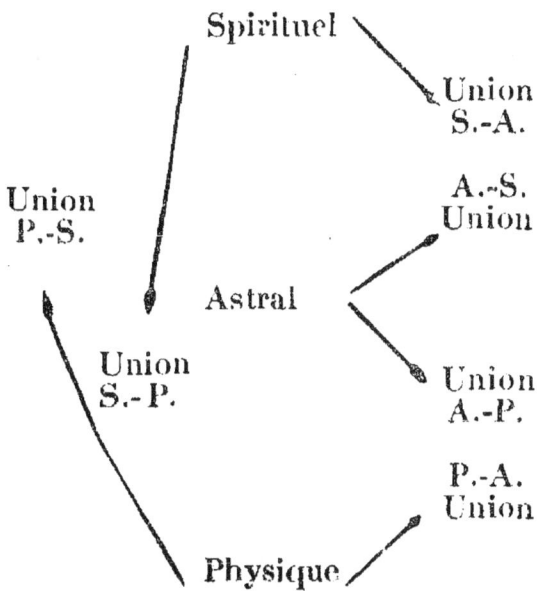

Mais ce qu'aucun occultiste appartenant à une initiation sérieuse ne laissera passer sans protester, c'est l'affirmation sans preuves que le système septenaire est l'unique clef de la constitution de l'homme, alors que cela est en contradiction totale avec l'anatomie, la physiologie et l'observation la plus élémentaire.

Un septenaire est, en général, le point d'épanouissement d'un système dont le ternaire est la base ; et tout devient obscur, diffus et incompréhensible, si l'on ne procède pas par l'étude primordiale du ternaire créateur.

C'est là la voie suivie par Jacob Boëhm, le maître des théosophes chrétiens, c'est là la voie de tous ceux qui préfèrent l'ordre et la logique aux enseignements sans méthode et impossibles à exposer clairement.

Et voilà que nous tombons à notre tour dans l'obscurité. Car beaucoup de lecteurs trouveront bien aride cette dernière partie de notre étude. Ce n'est que plus tard qu'ils en saisiront toute l'importance.

Pour essayer de leur expliquer comment tous ces termes passent du trois au neuf, puis du neuf au sept, nous allons prendre un exemple très vulgaire, celui de la voiture, du cheval et du cocher, et en suivant cette image il se rendront compte de la manière dont on peut étudier les éléments constituant l'homme pendant la vie. Un autre travail nous apprendra tout ce que cela devient après la mort.

L'ATTELAGE
Image analogique de la Constitution humaine
Grands chiffres : 1. Le cocher (directeur), image de l'Esprit.
2. Le cheval (moteur), image de l'Astral.
3. La Voiture (mue), image du Corps.
(Les petits chiffres indiquent les sous-divisions)

Un équipage se compose de trois principes constitutifs : une voiture, un cheval, un cocher. La voiture passive et mue est l'image du corps physique, le cheval, passif et moteur est l'image du corps astral, et le cocher actif et directeur est l'image de l'esprit.

Mais le cocher se compose à son tour de trois parties : la tête, les bras, le corps. Le cheval de trois parties aussi : la tête, le corps, les pattes.

La voiture de trois parties : le siège, le corps de la voiture, les roues.

Voilà nos neuf principes qui existent quand la voiture est dans la remise, le cheval dans l'écurie et le cocher dans la chambre.

Mais réunissons ces trois éléments et voyons ce que cela devient : *les bras du cocher* vont faire corps avec *la tête du cheval* pour constituer, par les rênes, le système directeur de l'équipage.

D'autre part, *de corps du cheval* va s'unir avec le *corps de la voiture* au moyen des brancards pour constituer le système moteur de l'équipage.

Voilà neuf éléments réduits à sept ainsi qu'il suit :

	Equipage non constitué		*Equipage constitué*	
Cocher	Tête du cocher	9	Tête du cocher	7
	Bras du cocher	8		
	Corps du cocher	7	Corps du cocher	6
			RÊNES. — Système de direction. Union des bras du cocher et de	
Cheval	Tête du cheval	6	la tête du cheval	5
	Corps du cheval	5		
	Pattes du cheval	4	Pattes du cheval	4
			BRANCARDS. — Système moteur	3
Voiture	Siège de la voiture	3	Siège de la voiture	2
	Corps de la voiture	2		
	Roues de la voiture	1	Roues de la voiture	1

Extrait du *Traité élémentaire de Science occulte* (5ᵉ édition), p. 289.

Nous avons déjà dit que la plupart des discussions provenaient de *noms différents* donnés à *un même principe* par divers philosophes ou par diverses écoles.

Ce petit résumé de la constitution humaine étant surtout destiné aux débutants dans ces études d'occulte, nous croyons leur rendre service en résumant en un tableau les différents noms donnés à chaque principe par divers auteurs et à diverses époques ainsi que dans des Traditions différentes.

Ce tableau est très incomplet. Il n'a pour but que de montrer à l'étudiant comment il faut chercher avant tout où se place le principe dont parle un auteur. Enfin il faut aussi que l'étudiant s'habitue à ramener au ternaire c'est à dire à trois termes les énumérations en 5, 7 ou 9 principes qu'il pourra rencontrer.

Enfin il ne faut jamais oublier que le principe intermédiaire, étant double dans son action, a souvent deux noms.

	Principe Matériel et Inférieur	Principe Intermédiaire	Principe Supérieur
Occultisme contemporain	Corps	Ame	Esprit
id.	Corps physique	Corps astral	Esprit
Philosophes hermétistes	Corps	Médiateur plastique	Esprit
Quelques Rose-Croix et certains occultistes.	Corps	Vie ou Esprit	Ame Immortelle
Ecoles spirites (Allan Kardec)	Corps	Périsprit	Esprit
Anciens Egyptiens	Khat	Ka et Khon	Baï
Kabbale	Nephesch (ou Gaph)	Rouach (et Imago)	Neschamah
Pythagorisme	La Chair	Ombre et Manes	Esprit.
Paracelse	Corps élémentaire	Archée { Homme Astral / Evestrum	Ame Immortelle
Hindous	Rupa	Kama Rupa (ou Linga sharira)	Atma
Chinois	Xuong	Khi	Wun
Saint Paul	Corpus	Anima	Spiritus

LES TROIS PRINCIPES DE L'HOMME
Table de correspondance des noms dans diverses écoles et traditions

Pour faciliter la réduction au Ternaire des Sept Termes nous allons emprunter à BARLET une clef de la Classification en sept Principes qui sera très utile à ceux qui voudront revenir à la Division naturelle en synthétisant les détails d'analyse. (On trouvera les détails d'analyse dans le *Traité élémentaire de Science occulte*), 5ᵉ édition.

7 L'Esprit
   Pur Esprit
   Volonté céleste
		Wun	Atma

6 L'Ame proprement
   dite
   (Association des
   idées)
	3	Tinh	Buddhi

5 L'Ame ancestrale
   (Lumière et cha-
   leur)
		Thần	Manas { Supérieur
			           Inférieur

4 Le Fluide électro-
   magnétique
   L'Astral
   Le Souffle de Vie
	2	Khi	Kama Rupa

3 La Force sensitive (Mouvement)		Than	Linga Sharira
2 La Force vitale (Sang)		Mau	Prana ou Jivatma

1 Le Cadavre
   Tissus, charpente
   Substances orga-
   niques
	1	Xuong	Rupa ou
			Stula Sharira

Correspondances des sept éléments	Réduction au Principe originel	Noms chinois	Noms hindous

CONCLUSION

La plupart des discussions qui s'élèvent entre les hommes qui pensent aux grands problèmes qui agitent l'humanité proviennent d'une confusion de termes ou d'un défaut d'observation.

Dans cet exposé rapide de la constitution de l'être humain, nous avons fui autant l'extrême détail que les affirmations dogmatiques.

C'est à l'anatomie la plus élémentaire, c'est aux premiers rudiments de la physiologie, c'est enfin à l'observation courante que nous nous sommes adressé pour demander la solution de notre problème.

Et toutes les sciences interrogées nous répondent que *l'Homme est une Trinité synthétisée en une admirable Unité.*

L'homme, comme l'ont affirmé les vieux sages de l'antique Egypte, comme l'ont soutenu surtout les Kabbalistes et les philosophes hermétistes, comme le déclare saint Paul, est donc triple et un, fait à l'image du verbe créateur, du Christ divin dont la forme humaine proclame la loi.

Laissons donc les philosophes classiques et les théologiens se demander si un terme intermédiaire entre le principe de matière qui est le corps et le principe divin qui est l'esprit immortel est nécessaire à la beauté ou à l'équilibre du raisonnement. La nature répond brutalement à cette question par le fait, en établissant des *organes spéciaux* pour l'action de ce principe intermédiaire que nous appelons: *le corps astral*, mais qui a reçu une foule d'autres noms.

Corps physique, Ame, Esprit, telle est la trinité de constitution de l'être humain que nous nous sommes efforcé d'éclairer de notre mieux.

On trouvera de plus grands détails dans les ouvrages spéciaux sur la question cités à la fin de cet exposé. De même nous nous réservons de publier bientôt d'autres études sur le monde invisible et sur les facultés encore peu étudiés ici du corps astral.

En attendant nous serons heureux de recevoir toutes les observations que pourrait susciter l'imperfection de notre modeste essai.

PAPUS

Principales Sociétés ou Ecoles poursuivant l'étude de l'OCCULTISME

ÉCOLE SUPÉRIEURE LIBRE
DES SCIENCES HERMÉTIQUES

Salle des Cours

4, Rue de Savoie, PARIS

ADMINISTRATION (L'APRÈS-MIDI) 3, RUE DE SAVOIE

L'Ecole a institué des cours assurés par 21 professeurs, maîtres de conférences et répétiteurs, et répartis en trois années. — Des examens et des diplômes garantissent l'instruction progressive des élèves. — L'enseignement embrasse tout le cycle de l'Occulte, depuis les éléments indispensables d'hébreu et de sanscrit jusqu'aux théories les plus élevées.

Société des Conférences Spiritualistes

SIÈGE SOCIAL :

HOTEL DES SOCIÉTÉS SAVANTES, 26, rue Serpente, Paris

COTISATIONS **5** FR. ET **10** FR. PAR AN

Réunion le 4e vendredi de chaque mois. Conférences et discussions sur les diverses branches du Spiritualisme.

La Société est ouverte à Tous.

SOCIÉTÉ ALCHIMIQUE DE FRANCE

ÉTUDE SPÉCIALE DE L'ALCHIMIE

SIÈGE SOCIAL : 19, rue Saint-Jean, 19, Douai

Directeur : **JOLLIVET-CASTELOT**

Fraternités ouvertes seulement avec Initiation spéciale

Ordre Martiniste. — Ordre kabbalistique de la Rose-Croix. — Groupe indépendant d'Etudes ésotériques. — Union Idéaliste universelle.